AF329717

INSTRUCTION

DU 30 MARS 1900

SUR LE

SERVICE DE L'HABILLEMENT

DANS LES

PRISONS MILITAIRES

PARIS

LIBRAIRIE MILITAIRE R. CHAPELOT et Cᵉ

IMPRIMEURS-ÉDITEURS
SUCCESSEURS DE L. BAUDOIN
30, Rue et Passage Dauphine, 30

—

1900

INSTRUCTION DU 30 MARS 1900

SUR LE

SERVICE DE L'HABILLEMENT

DANS LES

PRISONS MILITAIRES

Objet de la masse.

Art. 1er. La fourniture et l'entretien des effets d'habillement et de petit équipement nécessaires aux condamnés des prisons militaires sont assurés au moyen d'allocations en deniers constituant la masse d'habillement de l'établissement.

Cette masse pourvoit également à la fourniture et à l'entretien des ceinturons en cuir verni avec plaque et des étuis de revolver à l'usage du personnel des sous-officiers non adjudants attribué à chacun de ces établissements.

Bases des allocations.

Art. 2. Chaque journée de présence de condamné, en France et en Algérie, donne lieu à l'allocation d'une prime journalière de 0 fr. 11.

Les journées de présence des prévenus, des passagers et des accusés ne donnent droit à aucune prestation au titre de la masse d'habillement.

Recettes de la masse.

Art. 3. La masse d'habillement fait recette :

1° Des primes journalières visées au précédent article ;

2° De tout envoi de fonds pour remboursement de la valeur d'effets cédés à d'autres établissements ou à des corps de troupe ;

3° Du montant des imputations pour pertes et dégradations d'effets ou d'objets achetés sur les fonds de la masse d'habillement, survenues par la faute des détenus ;

4° Du montant des imputations pour dégradations volontaires au casernement, aux fournitures de couchage des détenus ou au matériel du service des hôpitaux ;

5° Des allocations spéciales accordées par le Ministre, soit pour remboursement de pertes ou dégradations résultant de cas de force majeure, tels qu'ils sont définis par le règlement sur la comptabilité des matières appartenant au département de la guerre, soit à titre de secours.

Dépenses de la masse.

Art. 4. La masse d'habillement supporte les dépenses suivantes :

1° Achat des effets d'habillement et de petit équipement à l'usage des condamnés ;

2° Achat de ceinturons en cuir verni avec plaque et étuis de revolver pour les sous-officiers non adjudants ;

3° Achat de tous objets et matières servant à la confection des calottes de travail et bandes à numéro d'écrou, aux réparations, ainsi qu'à la conservation et à l'entretien des divers effets ;

4° Montant des pertes ou dégradations autres que celles dues à l'usure naturelle, en ce qui concerne le casernement, les fournitures de couchage des détenus et le matériel des hôpitaux ;

5° Les gratifications journalières attribuées aux condamnés employés aux confections, retouches et réparations, ainsi qu'à l'entretien des effets et, le cas échéant, de la chaussure ;

6° Les dépenses diverses dont la liste est donnée au tableau C annexé à la présente instruction.

Payement des primes de la masse.

Art. 5. Les allocations de la masse d'habillement sont perçues par mois et à terme échu.

Le montant du décompte est compris sur des états du modèle n° 1 ci-annexé.

Ces états sont établis par le conseil d'administration ou l'agent principal, en double expédition ; la première, sur papier bleu, porte déclaration de quittance.

Les deux expéditions sont soumises, pour vérification et ordonnancement, au sous-intendant militaire. La quittance est remise au payeur ; la déclaration de quittance est renvoyée par l'agent des finances au sous-intendant militaire ordonnateur.

Décompte de libération de la masse.

Art. 6. La liquidation du compte de la masse d'habillement s'opère sur un fascicule spécial (modèle n° 2) qui est annexé à la revue de liquidation concernant les détenus.

Le trop ou le moins-perçu ressortant sur ce fascicule est imputé ou reporté sur le montant du prochain état de perception. Toutefois, le moins-perçu ressortant du décompte relatif au 4e trimestre est immédiatement ordonnancé au profit de la prison sur un état spécial et imputé directement à l'exercice expiré.

Si le décompte du 4e trimestre fait, au contraire, ressortir un trop-perçu, le montant en est versé au Trésor au titre de l'exercice qu'il concerne. Dans le cas où l'avoir en caisse ne permettrait pas ce versement, il serait rendu compte au Ministre (Direction de l'Intendance; Bureau de l'habillement).

Les feuilles de rectification sont annexées à l'un des deux tableaux à retirer des revues de liquidation.

Tenue des détenus.

Art. 7. Tous les condamnés doivent être pourvus des effets et objets indiqués aux tableaux A et B ci-joints.

La tenue d'intérieur se compose :

En hiver, du pantalon de drap et de la vareuse, avec sabots-galoches et chaussons ;

En été, du bourgeron de toile et du pantalon de treillis avec les sabots.

Le capot est porté, en hiver, pendant les récréations dans les cours et préaux ; il est également emporté sur les chantiers par les détenus qui travaillent à l'extérieur de l'établissement.

La tenue de travail comprend :

En hiver, le pantalon de drap et la vareuse sous le pantalon de treillis et le bourgeron de toile, avec les sabots-galoches et les chaussons ;

En été, le pantalon de treillis et le bourgeron de toile, les sabots-galoches sans chaussons.

Les hommes employés sur des chantiers extérieurs doivent être munis de brodequins.

Le commandant d'armes fixe les dates auxquelles doit commencer et cesser le port des tenues d'hiver et d'été, en tenant compte des conditions climatériques.

La calotte de travail, en drap gris bleuté du modèle en usage dans les sections de commis et ouvriers militaires d'administration, est portée en toute saison ; les condamnés sont autorisés à la conserver pendant le travail.

Les hommes en cellule sont vêtus de la tenue de travail, sous réserve des modifications que la température comporte.

Les passagers, les prévenus et les accusés conservent les vêtements, linge et chaussures dont ils étaient porteurs au moment de leur entrée en prison.

Si, dans une circonstance quelconque, il était nécessaire de distribuer à l'un d'eux quelques effets de petit équipement, la cession serait faite par la prison, à charge de remboursement par le corps ou l'établissement auquel appartient l'intéressé.

Les insoumis, les jeunes soldats, les réservistes et les territoriaux prévenus d'insoumission, les prévenus civils, ne touchent aucun effet de prison. Toutefois, ceux qui n'auraient pas apporté de linge de rechange reçoivent des chemises, caleçons et serviettes aux mêmes époques que les autres détenus; il leur sera également prêté un capot pendant l'hiver.

Dans le but de permettre de désigner facilement les détenus par leur numéro d'écrou et de créer un signe apparent de distinction entre les condamnés pour délits militaires et les condamnés pour délits de droit commun, les vareuses, les bourgerons et capots des détenus portent, cousue sur le côté gauche de la poitrine, une bande de drap sur laquelle est appliqué le numéro d'écrou.

Cette bande est en drap garance avec chiffres jaunes de $0^m,025$ de hauteur pour les condamnés de la première catégorie (délits militaires) et en drap gris bleu avec chiffres rouges pour les condamnés de la deuxième catégorie (délits de droit commun).

Les bandes de drap sont prises dans des tuniques ou vestes hors de service; elles ont dix centimètres de longueur sur cinq de hauteur. Les chiffres destinés à composer les numéros d'écrou et les effets hors de service en drap garance et bleu foncé sont cédés par un corps de troupe d'infanterie de la garnison ou d'une place voisine.

Pendant la durée du travail, les sous-chefs d'atelier portent au tiers supérieur du bras gauche un brassard en drap garance. Cet insigne, du modèle adopté pour les hommes préposés à la garde des voies de communication, est confectionné avec du drap d'infanterie hors de service. Une bande de drap bleu foncé de $0^m,015$ de large est cousue horizontalement au milieu du brassard du chef d'atelier.

Marquage des effets.

Art. 8. Tous les effets d'habillement et de petit équipement destinés aux hommes sont marqués des lettres P. M. suivies de l'initiale du gouvernement militaire ou du numéro du corps d'armée.

Les effets de drap portent au-dessous de ces marques un numéro de série (1); les effets de linge sont revêtus du numéro d'écrou de l'homme.

Les effets arrivés à usure complète sont marqués des initiales H. S.

Ces diverses marques doivent être apposées sur l'effet même.

Conservation des effets retirés, pendant l'été, aux détenteurs.

Art. 9. Les effets de drap et les chaussons sont retirés aux hommes pendant la belle saison et déposés au magasin de l'établissement; ils sont réunis en paquets individuels aux nom et numéro d'écrou de chaque condamné.

---

(1) Il en est de même des ceinturons et étuis de revolver destinés au personnel de l'établissement.

Les détenus font subir à ces effets les manutentions nécessaires, dans la matinée de chaque dimanche.

Manutention des effets d'approvisionnement.

Art. 10. Les effets composant l'approvisionnement de l'établissement sont placés dans les magasins, dans des conditions de nature à assurer leur bonne conservation. Ils sont manutentionnés et entretenus conformément aux instructions en vigueur sur la matière (Service de l'habillement dans les corps de troupe. Dispositions diverses).

Devoir du capitaine de visite en ce qui concerne l'habillement.

Art. 11. Le capitaine de visite s'assure journellement que les hommes sont porteurs de la tenue prescrite et qu'elle est en bon état.

Destination à donner aux effets et objets apportés par les inculpés
en cas de condamnation ultérieure.

Art. 12. Tout militaire inculpé ou disciplinaire incarcéré doit être porteur des effets figurant au tableau B, § 4, annexé au décret du 16 novembre 1887 sur l'habillement dans les corps de troupe. Si la collection des effets ou objets apportée par le militaire est incomplète, le conseil d'administration ou l'agent principal adresse un rapport au commandant d'armes, qui provoque les mesures nécessaires pour la faire compléter.

Tout prévenu ou accusé condamné reçoit, dès que sa condamnation est devenue définitive, les effets et objets de prison dont il doit être pourvu. Les vêtements civils ou militaires, le linge et les chaussures, ainsi que les effets de petit équipement dont il était porteur à son arrivée à l'établissement, sont nettoyés et lavés au besoin, puis empaquetés avec une étiquette aux nom et numéro d'écrou de l'intéressé et déposés au magasin. Ces effets sont, en outre, inscrits sur le registre à ce destiné.

La conservation en est assurée par des manutentions qui sont effectuées dans la matinée de chaque dimanche par le détenu, sous la surveillance de l'agent principal et dans les conditions indiquées à l'article 10.

Les condamnés, à partir du jour où ils ont reçu les effets de prison, jusqu'au jour de leur libération ou évacuation, ne font plus usage des vêtements, effets ou objets qu'ils possédaient à leur entrée dans l'établissement.

Habillement des condamnés libérés ou dirigés sur un corps ou un établissement
pénitentiaire.

Art. 13. Au moment de la levée d'écrou pour évacuation ou libération, les condamnés versent en magasin tous les effets ou objets de prison dont ils sont détenteurs, en présence de l'agent principal et reprennent leurs effets militaires ou civils.

Lorsque les condamnés doivent quitter définitivement la prison pendant la période des froids, le conseil d'administration ou l'agent principal demande, quelques jours à l'avance, au corps de troupe qui doit recevoir l'homme, d'expédier d'urgence à la prison une capote ou un manteau selon le cas (1).

Les frais de colis postal sont à la charge de la masse d'habillement du corps.

Les militaires de la réserve et de l'armée territoriale qui, en cours de périodes d'exercices, subissent une condamnation, doivent toujours être libérés avec leurs effets civils lorsqu'ils rejoignent leurs foyers. A cet effet, le conseil d'administration ou l'agent principal se fait adresser, en temps utile, les effets leur appartenant. Les frais de colis postal sont à la charge de la masse d'habillement du corps, qui rembourse également les frais de renvoi des effets militaires apportés en prison par l'homme.

Renvoi des effets emportés par les condamnés militaires rentrant dans leurs foyers.

Art. 14. Les condamnés libérés directement par la prison doivent remporter les effets indiqués au tableau B, annexé au règlement du 16 novembre 1887.

Les dispositions de l'article 60 de l'instruction du 16 novembre 1887 leur sont applicables.

Les agents principaux devront, en outre, expédier par colis postal aux corps de troupe intéressés, les effets et objets leur appartenant et laissés par ces hommes lorsqu'ils partent avec des effets civils ; ils auront également à s'entendre avec les corps au sujet du renvoi, dans les mêmes conditions, des objets ou effets militaires que ne doivent pas emporter dans leurs foyers les hommes libérés.

Les dépenses de colis postaux seront remboursées par la masse d'habillement des corps de troupe intéressés.

Constitution de l'approvisionnement.

Art. 15. L'approvisionnement destiné à satisfaire à tous les besoins en effets d'habillement et de petit équipement est divisé en deux portions.

La première portion comprend les effets qui doivent toujours être tirés des magasins administratifs ou des corps de troupe.

La deuxième comprend les objets que l'établissement est autorisé à acheter dans le commerce (tableau B).

Dans le cas de cessions par un corps de troupe, les effets ou objets sont toujours fournis à l'état neuf et remboursés par l'établissement au prix réel d'achat d'après le marché en cours du corps de troupe intéressé.

---

(1) Si l'homme doit être dirigé sur un autre établissement pénitentiaire, l'effet destiné à compléter la tenue d'hiver doit être demandé à son corps d'origine.

Les calottes sont confectionnées aux frais de la masse avec des morceaux de drap gris bleuté provenant de vêtements hors de service, par les détenus ou par un corps de troupe désigné à cet effet.

Le gouverneur militaire ou le général commandant de corps d'armée détermine, d'après l'effectif maximum des condamnés que la prison peut être appelée à recevoir, les quantités de chaque effet à comprendre dans les deux portions d'approvisionnement.

L'approvisionnement d'effets de drap en magasin doit, en principe, permettre de satisfaire aux besoins d'un trimestre, sauf en ce qui concerne les capots.

Le gouverneur militaire ou le général commandant de corps d'armée désigne le corps de la garnison qui devra céder trimestriellement des effets de linge et de petit équipement, les pantalons de treillis et les bourgerons de toile nécessaires à la prison.

Entretien de l'approvisionnement de la 1re portion.

Art. 16. Dans les quinze derniers jours de chaque trimestre le conseil d'administration ou l'agent principal de la prison établit, en tenant compte des consommations opérées et des besoins prévus pour le trimestre suivant, deux demandes distinctes : la première pour les effets de drap ; la seconde pour les effets de toile et de petit équipement, qui sont dressées conformément au modèle n° 2 annexé au règlement du 16 novembre 1887, et sont appuyées :

1° Des états de pointures (modèles n° A, B, C, P) annexés audit règlement ;

2° D'un état de tailles pour les pantalons de treillis, les bourgerons de toile, les chemises et les caleçons.

Ces demandes sont soumises au sous-intendant militaire chargé de la surveillance administrative de la prison, qui les vérifie et adresse, d'urgence, celle qui concerne les effets de drap au directeur de l'intendance du gouvernement militaire de Paris. Il transmet également pour exécution au corps de troupe désigné la demande d'effets de toile et de petit équipement.

Les prisons militaires se font délivrer directement par les magasins administratifs les ceinturons en cuir verni avec plaque et verrous du modèle de la justice militaire et les étuis de revolver ; ils établissent à cet effet une demande spéciale dans les conditions indiquées plus haut.

Les livraisons ou expéditions faites par le magasin général de Paris ou le magasin administratif de la région, comme celles opérées par les corps de troupe, donnent lieu, suivant le cas, à l'établissement de factures conformes au modèles 5 et 9 annexés au règlement sur la comptabilité des matières : l'une, revêtue de la prise en charge du conseil d'administration ou de l'agent principal et de la preuve du remboursement, est retournée au magasin du corps livrancier ; l'autre reste comme pièce de dépense à l'appui de la comptabilité de l'habillement de l'établissement.

Les difficultés qui peuvent se présenter lors de la réception des effets et objets provenant des corps de troupe sont réglées de la façon suivante :

Le conseil d'administration ou l'agent principal prévient le sous-intendant militaire chargé de la surveillance administrative ; celui-ci provoque la désignation d'un officier pour représenter le corps livrancier, puis constate, par procès-verbal, l'état du matériel critiqué, fait telles propositions que de droit, évalue le prix des effets, les dépenses de mise en état et détermine, s'il y a lieu, les responsabilités. Les faits ainsi constatés, les intéressés sont invités à s'entendre à l'amiable. A défaut de cette entente, le procès-verbal est transmis en double expédition au Directeur du service de l'intendance, qui y appose son avis et l'adresse au gouverneur militaire ou au général commandant le corps d'armée, qui statue.

Les livraisons d'effets sont assurées par les moyens dont les magasins ou les corps disposent : les expéditions par les transports de la guerre.

Les corps de troupe sont remboursés en deniers des cessions faites aux prisons militaires lorsque leur portion centrale est dans la place ; dans le cas contraire, l'expédition de la facture qui leur est retournée est accompagnée d'un mandat sur le Trésor.

La valeur des effets de drap fournis par le magasin général de Paris, ainsi que celle des ceinturons en cuir verni, des plaques, verrous et étuis de revolver, est versée au Trésor, pour faire retour au budget de l'habillement.

Entretien des effets de la 2ᵉ portion.

Art. 17. Les conseils d'administration et les agents principaux achètent directement dans le commerce les objets de la deuxième portion compris au tableau B ; ils en opèrent la réception.

Les effets doivent être conformes aux descriptions et modèles réglementaires. Leur prix d'achat ne doit pas, sans autorisation du sous-intendant militaire, dépasser les prix fixés par la nomenclature.

Attributions et responsabilité de l'agent principal.

Art. 18. La gestion de la masse d'habillement est confiée à l'agent principal, qui assume les responsabilités attribuées aux commandants d'unité administrative des corps de troupe par l'article 86 du décret du 14 janvier 1889.

Il est pécuniairement responsable des pertes et détériorations graves qui surviendraient par sa faute dans l'approvisionnement de la prison.

Il est constamment détenteur de la clef du magasin ; toutes les distributions et réintégrations d'effets sont opérées en sa présence.

Personnel d'exécution.

Art. 19. L'agent principal emploie aux confections de calottes, retouches et réparations d'effets, un condamné choisi parmi ceux exerçant la profession de tailleur d'habits ou une profession analogue.

Les réparations aux chaussures dont font usage les prisonniers qui travaillent sur les chantiers extérieurs sont exécutées par un détenu de la profession de cordonnier, ou, à défaut, par les soins d'un corps de troupe de la place.

Les détenus ne doivent être employés à ces travaux que pendant le nombre de jours strictement nécessaire ; ils touchent pendant les journées de travail, sur les fonds de la masse d'habillement, une gratification fixée par le commandant d'armes ou son délégué, sur la proposition du conseil d'administration ou de l'agent principal et l'avis du sous-intendant militaire. En principe, cette gratification doit être égale à celle qu'ils auraient obtenue s'ils avaient travaillé pour le compte de l'entrepreneur de la main-d'œuvre pénitentiaire. Elle ne pourra, d'ailleurs, être inférieure à la somme de 0 fr. 15 et elle sera supprimée aux détenus punis pendant toute la durée de leur punition.

Durée des effets. — Effets hors de service.

Art. 20. Les effets n'ont pas de durée obligatoire et doivent être employés à l'habillement des condamnés jusqu'à usure complète. Ils sont alors classés par l'agent principal en lots différents dans le magasin et utilisés d'après les ordres du sous-intendant militaire, de la façon suivante :

Une partie composée des effets qui peuvent encore être portés est affectée au service des hommes admis à l'infirmerie, auxquels les effets habituels ont été retirés pour être désinfectés sur l'ordre du médecin. Dans ce cas, les effets dont ces hommes étaient revêtus ne leur sont rendus qu'à leur sortie de l'infirmerie.

Une autre partie est réservée pour servir à la réparation des effets et à la confection des calottes; le surplus reçoit trimestriellement la destination que l'autorité administrative supérieure prescrit de leur donner.

Écritures.

Art. 21. L'agent principal tient, en ce qui concerne la masse d'habillement :

1° Le registre modèle n° 3 constatant les entrées et les sorties des effets ou objets appartenant à l'établissement ainsi que les effets entre les mains des condamnés ;

2° Le chapitre spécial du registre des fonds divers concernant ladite masse ;

3° Un contrôle général des effets de drap, ceinturons avec accessoires et étuis de revolver, par numéros de série, modèle n° 4.

Il fait inscription, sur les livrets de prison (modèle n° 5) des effets distribués successivement aux condamnés et, sur le registre de concentration, des opérations spéciales concernant la masse d'habillement.

Il tient également un carnet d'enregistrement des demandes d'effets et des autres opérations accessoires dont il paraît y avoir lieu de conserver des traces.

Compte de gestion.

Art. 22. L'agent principal établit l'inventaire estimatif (modèle n° 24 annexé au décret du 24 décembre 1888 sur la comptabilité des matières) des effets ou objets achetés sur les fonds de la masse d'habillement et existant en magasin ou en service à la date du 31 décembre de chaque année.

Dans les comptes de la masse d'habillement, la valeur des effets est décomptée d'après les règles tracées à l'article 32 de l'instruction ministérielle du 16 novembre 1887 sur le service de l'habillement dans les corps de troupe.

Compte annuel d'emploi.

Art. 23. L'agent principal établit le compte annuel des recettes et dépenses de la masse d'habillement, conformément au modèle ci-joint n° 6.

Ce compte doit présenter l'avoir réel en deniers de la masse au dernier jour de l'année. A cet effet, les sommes à recouvrer ou à payer, au titre de l'année écoulée, sont portées en recettes ou en dépenses aux fonds divers et la masse en est créditée ou débitée par un virement.

Gestion de la masse dans les prisons pourvues d'un conseil d'administration.

Art. 24. Les conseils d'administration des prisons de Paris exercent, en ce qui concerne le service de l'habillement, les mêmes attributions que ceux des corps de troupe ; ils encourent également les mêmes responsabilités.

L'agent principal remplit les fonctions attribuées au trésorier et à l'officier d'habillement des corps de troupe. Il est responsable dans les mêmes conditions.

Vérification des dépenses en deniers et en matières.

Art. 25. Les dépenses en deniers et en matières effectuées en vertu de décisions de l'agent principal ou de décisions du conseil d'administration de l'établissement sont vérifiées et régularisées dans la forme réglementaire, par les sous-intendants militaires.

Les sous-intendants militaires procèdent à l'inventaire des approvisionnements de l'établissement.

Abrogation des dispositions antérieures.

Art. 26. Sont abrogés les articles 78, 140, 141, 142 du règlement ministériel du 20 juin 1863, les articles 45, 46, 47 et 48 du règlement ministériel du 6 février 1865, ainsi que l'article 3 de l'arrêté ministériel du 21 août 1896.

Dispositions transitoires.

Art. 27. La masse de petit équipement est supprimée à la date du 1er juillet 1900.

La masse d'habillement commencera à fonctionner à cette date et fera recette de l'avoir à la masse de petit équipement.

Une première mise en nature, comportant des vêtements de drap et des effets de toile, sera accordée à chaque prison.

Le service de l'habillement cédera, également à la date du 1er juillet 1900, aux prisons militaires les ceinturons avec plaque et étuis de revolver existant dans ces établissements; la cession aura lieu aux prix du classement bon.

Jusqu'à ce que le crédit affecté à l'ancienne masse de petit équipement ait pu être reporté du chapitre 39 (justice militaire) au chapitre 34 (habillement), les primes de ce fonds continueront à être perçues au titre du chapitre 39 et seront versées à la masse d'habillement. D'autre part, une prime journalière de 0 fr. 06 sera payée sur le chapitre 34 (1re partie, § 2) et complétera l'allocation de 0 fr. 11 revenant à cette masse.

TABLEAU A.

EFFETS QUI DOIVENT ÊTRE TIRÉS DES MAGASINS ADMINISTRATIFS OU DES CORPS DE TROUPE.

DÉSIGNATION DES EFFETS OU OBJETS.	NOMBRES à distribuer à chaque détenu.	NOMBRES d'objets à distribuer à chaque sous-officier.	OBSERVATIONS.
1re Partie (magasins administratifs).			
Capot (a) / Vareuse (a) / Pantalon — en drap gris bleuté du modèle en usage dans les pénitenciers et ateliers de travaux publics.	1	»	(a) Les boutons sont à l'uniforme de l'infanterie.
Ceinturon en cuir verni	»	1	
Plaque et verrou de ceinturon	»	1	
Etui de revolver	»	1	
2e Partie (corps de troupe) (a).			
Bourgerons d'infanterie	2	»	(a) Les *calottes de travail* sont confectionnées par le détenu tailleur ou par un corps de troupe avec du drap provenant d'effets de prison hors de service.
Bretelles (paire)	1	»	
Caleçons	2	»	
Calotte de coton	2	»	
Ceinture de laine	1 (b)	»	
Chemises	2	»	(b) Dans les établissements d'Algérie seulement.
Mouchoirs	2	»	
Chiffres en drap pour la désignation des détenus	(c)	»	(c) Le nombre de chiffres nécessaire pour former le numéro d'écrou.
Pantalons de treillis	2	»	
Cravate de coton bleu	1	»	(d) Effet spécial réservé aux hommes travaillant à l'extérieur.
Serviettes	2	»	
Brodequins	1 (d)	»	
Sac de petite monture contenant : 1 brosse à habits, 1 brosse double à chaussures, 1 brosse à reluire, 1 patience, 1 brosse à boutons	1 (e)	»	(e) Le cirage, le cas échéant, devra être fourni au compte de l'ordinaire.
Cuiller	1	»	
Fourchette	1	»	
Gamelle individuelle	1	»	
Quart	1	»	

TABLEAU B.

OBJETS ACHETÉS DANS LE COMMERCE.

DÉSIGNATION DES EFFETS OU OBJETS.	NOMBRES à dis-tribuer à chaque détenu.	OBSERVATIONS.
Sabots-galoches...........................	1	
Trousse garnie (sans alène et avec ciseaux à bouts arrondis)............................	1	
Couteau à bout arrondi.....................	1	
Livret de prison...........................	1	
Chaussons garnis d'une semelle de basane (paire)................................	1	

TABLEAU C.

DÉPENSES AU COMPTE DE LA MASSE D'HABILLEMENT.

DÉSIGNATION DES DÉPENSES.		OBSERVATIONS.
Magasin.	Confection des calottes.	
	Achats de chiffres en drap pour numéros d'écrou.	
	Achats de pantalons, vestes ou tuniques hors de service.	
	Ingrédients pour le nettoyage des effets.	
	Ingrédients pour l'entretien des effets.	
	Marques, timbres, échelle et tout objet mobilier servant à l'exploitation du magasin.	
	Toile d'emballage.	
	Caisses d'emballage, clous, pointes, ficelle, corde.	
	Rideaux à défaut de volets.	
	Pièges à rats.	
	Encre pour le marquage des effets.	
Frais divers.	Brochage du *Bulletin officiel*.	
	Ingrédients pour la désinfection des latrines, baquets, etc.	
	Cruches en grès pour les dortoirs et les ateliers.	
	Cruches en grès pour les cellules.	

TABLEAU D.

EFFETS APPORTÉS EN PRISON PAR LES MILITAIRES PRÉVENUS OU DISCIPLINAIRES.

(Tableau annexé au Règlement du 16 novembre 1887 sur l'habillement.)

DÉSIGNATION DES EFFETS OU OBJETS.	NOMBRE d'effets ou d'objets.	OBSERVATIONS.
Capote (1) . . . . Tunique *ou* dolman *ou* veste (1)	1	(1) En principe, les militaires écroués n'apportent qu'un seul effet de corps (tunique ou dolman ou capote pour les sous-officiers ; capote, tunique ou veste pour les soldats).
Pantalon (2)	1	
Képi *ou* chéchia avec gland	1	
Chaussures (paire) (3)	1	(2) Dans les corps de troupe à cheval, le pantalon d'ordonnance ou le pantalon de cheval.
Bretelles de pantalon (paire)	1	
Caleçons	2	
Chemises	2	(3) Souliers avec guêtres ou brodequins, ou bottes ou bottines.
Cravate	1	
Étui-musette	1	
Mouchoirs	2	
Gamelle individuelle	1	
Sac de petite monture garni	1	

GOUVERNEMENT
MILITAIRE D
ou
° CORPS D'ARMÉE
—
DÉPARTEMENT
d
—

MASSE
D'HABILLEMENT.

Mois d   190 .
—
QUITTANCE
Acquit imputable sur la
revue du ° trimestre
19 .

EXERCICE 19 .
—

BUDGET ORDINAIRE.
—

CHAPITRE . — ARTICLE .
—

SERVICE DE L'HABILLEMENT.
—

PRISON MILITAIRE D
—

MODÈLE Nº 1.
—
Art. 5 de l'Instruction
du 30 mars 1900.

Format : 0ᵐ,380 sur 0ᵐ,240.

ÉTAT COLLECTIF présentant les droits acquis, pour les détenus,
pendant le mois d   , à la prime journalière
de la masse d'habillement.

DÉSIGNATION DES PARTIES PRENANTES.	QUOTITÉ DE LA PRIME.	NOMBRE DE JOURNÉES donnant droit à la prime.	DÉCOMPTE en DENIERS.	OBSERVATIONS.
TOTAL du décompte...				

CERTIFIÉ par nous (1)   , le présent état montant
à la somme de   , pour prime de la masse d'habillement pendant le mois d

A   19 .

(1) Membres du conseil
d'administration *ou* agent
principal.

3

Vu et vérifié par nous, Sous-Intendant militaire
employé à   le présent état montant à...

Augmentations par suite :

1° Des décomptes de libé-
ration des revues précé-
dentes ;
  2° Des rectifications des
revues ;
  3° Des ordres particuliers
du Ministre.

Diminutions par suite :

1° Des décomptes de libé-
rations des revues ;
  2° De la rectification des
revues ;
  3° Des ordres particuliers
du Ministre.

Imputations :

De la valeur des effets
reçus des magasins admi-
nistratifs dont le montant
doit être imputé au décompte
de libération de la revue de
l'établissement.

Total........

Il reste à ordonnancer.. ....

Nous arrêtons, en conséquence, le présent état
à la somme de
que nous mandons à M.
trésorier-payeur général de
de payer
pour les causes ci-dessus énoncées.

A   , le   19 .

Nota. — La déclaration de quittance est établie sur papier bleu et est semblable au présent modèle, sauf les modifications suivantes :

(2) Déclarons avoir donné à..... au lieu de reconnaissons avoir reçu.

(3) Quittance.

(1) Membres du conseil d'administration *ou* agent principal.

Nous soussigné (1)
reconnaissons avoir reçu (2) de M.   ,
trésorier-payeur général d   (3), la
somme de
portée au présent mandat.

A   , le   19 .

MINISTÈRE
DE LA GUERRE.
—

PLACE d ___
—

ᵉ TRIMESTRE 19 .

Format : 0ᵐ,380 sur 0ᵐ,250.

RÉPUBLIQUE FRANÇAISE.

MODÈLE Nº 2.
—

Art. 6 de l'Instruction
du 30 mars 1900.

NOTA. — Le modèle est annexé à la revue trimestrielle de la solde au moyen d'onglets.

PRESTATIONS EN DENIERS
DU SERVICE DE L'HABILLEMENT.

EXERCICE 19 .

CHAPITRE , ARTICLE DU BUDGET.

PRISON MILITAIRE d

DÉCOMPTE DE LIBÉRATION

des prestations en deniers de la masse d'habillement.

CRÉDIT DE L'ÉTABLISSEMENT.

DÉSIGNATION DES PARTIES PRENANTES ET DES ALLOCATIONS.	NOMBRE de JOURNÉES.	FIXATION par JOURNÉE.	MONTANT DU DÉCOMPTE.
Détenus..... { Prime journalière d'			
Montant du crédit de l'établissement.....			
Augmentation. { Rectification d'erreurs. Moins-perçus pendant le trimestre précédent............			
Partant, le crédit définitif de l'établissement est de.........			

DÉBIT DE L'ÉTABLISSEMENT.

§ 1er. — MANDATS ORDONNANCÉS AU PROFIT DE L'ÉTABLISSEMENT.

Département où les payements ont été effectués.	Noms des ordonnateurs secondaires signataires des mandats.	Période que les mandats concernent.	Numéros des mandats.	Montant de chaque mandat.	Montant des mandats par département.	Montant du débet de l'établissement.	OBSERVATIONS.

§ 2. — VALEUR DES EFFETS REÇUS DES MAGASINS ADMINISTRATIFS.

DÉSIGNATION des ÉTABLISSEMENTS.	DATES des EXPÉDITIONS.	MONTANT de chaque facture de livraison.

Diminutions. { Rectification d'erreurs............ Trop-perçu pendant le trimestre précédent....................

TOTAL..........

Le crédit définitif de l'établissement étant de....

Il reste un (4) perçu de........

(1) Moins *ou* trop.

Certifié par nous (1)
le présent décompte de libération, duquel il résulte qu'il a été perçu en
(2)   par l'établissement la somme de
au titre de la masse d'habillement pendant le   ᵉ trimestre
19 .

A   , le   19 .

Vérifié :

Le Sous-Intendant militaire.

(1) Membres du conseil
d'administratron *ou* agent
principal.
(2) Moins *ou* trop.

FORMAT DU PAPIER.
Hauteur..... 0m,380
Largeur...... 0m,245
CADRE DE JUSTIFICATION :
Hauteur..... 0m,310
Largeur..... 0m,250

ANNÉE 19 .

MODÈLE N° 3.

Art. 24 de l'Instruction
du 30 mars 1900.

PRISON MILITAIRE D

REGISTRE

*des entrées et sorties du matériel acheté sur les fonds
de la masse d'habillement.*

INSTRUCTION

POUR LA TENUE DU PRÉSENT REGISTRE.

Le présent registre est divisé en deux parties.

La première comprend les effets et objets existant dans le magasin et appartenant à la prison ; la deuxième comprend ceux de ces effets et objets entre les mains des hommes ou enfermés dans les paquetages individuels déposés en magasin.

PREMIÈRE PARTIE.

Dans la première partie, les effets s nt inscrits dans l'en-tète, savoir :

Approvisionnement de la 1re catégorie.
{ 1° Effets délivrés par les magasins administratifs ;
{ 2° Effets, matières et objets cédés par les corps de troupe ;

Approvisionnement de la 2° catégorie.
{ 3° Effets et objets achetés directement dans le commerce.

Dans chacun des groupes formant la 1re catégorie, le matériel est inscrit suivant l'ordre do la nomenclature du service de l'habillement.

Les effets composant l'approvisionnement de la 2° catégorie ainsi que les calottes de travail sont inscrits par ordre alphabétique.

Les effets de grand équipement, à l'usage des sous-officiers de la prison, sont portés dans un tableau spécial et dans l'ordre de la nomenclature du service de l'habillement.

DEUXIÈME PARTIE.

La deuxième partie présente le contrôle des condamnés et des sous-officiers attachés à la prison ; la série complète des effets et objets, dont chacun est détenteur, y est inscrite dans l'ordre adopté pour la première partie.

Il n'est établi qu'un seul contrôle nominatif pour toute l'année.

OBSERVATIONS GÉNÉRALES.

Le registre des entrées et des sorties est renouvelé tous les ans. Il est arrété tous les trimestres.

Pour cette opération, les totaux sont faits à l'encre à la première partie, et au crayon à la deuxième partie. Pour obtenir les totaux généraux, les totaux de la deuxième partie sont reportés à l'encre sous ceux de la première (colonne Bon), sous la rubrique « en service ».

Lors de la remise à faire du matériel, par suite du changement de l'agent principal, ou lorsqu'il s'agira d'une vérification dans le cours du trimestre, les totaux seront faits au crayon, aux deux parties.

En cas de versement d'effets hors de service aux Domaines, ou d'emploi aux réparations, il est établi par l'agent principal un certificat administratif. L'ordre de porter en sortie sera donné par le commandant d'armes ou son délégué (modèle n° 10 annexé au règlement sur la comptabilité des matières).

RESULTATS SOMMAIRES DES RECENSEMENTS INOPINÉS (1).

---

(1) Toutes les fois qu'il est procédé à un recensement inopiné, l'autorité qui a fait ce recensement consigne sur la présente page le résultat de son opération (concordance, excédent, déficit).

N° des opérations	DATES.	DÉTAIL DES OPÉRATIONS.	CAPOTS.			PANTALONS de DRAP.			VAREUSES.		
			N	B	HS	N	B	HS	N	B	HS
	1900	**Entrées.**									
1	1er janvier.	Matériel de la masse de petit équipement...................	2	8	15	»	»	»	»	»	»
2	1er janvier.	Matériel de 1re mise...........	70	»	»	70	»	»	70	»	»
3	15 février.	Matériel du détenu n° 4941.....	»	»	»	»	»	»	»	»	»
4	20 mars...	Matériel du e régiment d'infanterie...................	»	»	»	»	»	»	»	»	»
5	28 mars...	Matériel du sieur Martin	»	»	»	»	»	»	»	»	»
6	30 mars...	Matériel du détenu n° 4918.....	»	»	1	»	»	»	»	»	»
		Sorties.									
1	1er janvier.	Distribué aux détenus.........	65	»	»	65	»	»	65	»	»
2	2 janvier.	Distribué au détenu n° 5023	»	2	»	1	»	»	1	»	»
3	15 février.	Employé aux réparations.......	»	»	3	»	»	»	»	»	»
4	30 mars...	Versé aux Domaines...........	»	»	12	»	»	»	»	»	»

N° des opérations	DATES.	DÉTAIL DES OPÉRATIONS.	BOURGERONS.			CALEÇONS.			CEINTURES de LAINE.			CHEMISES.			CRAVATES de COTON BLANC.			MOUCHOIRS.			PANTALONS de TREILLIS.		
			N	B	HS	N	B	HS	N	B	HS	N	B	HS	N	B	HS	N	B	HS	N	B	HS
	1900	**Entrées.**																					
1	1er janvier.	Matériel de la masse de petit équipement...................	»	»	»	»	»	»	»	»	»	»	»	»	»	»	»	»	»	»	»	»	»
2	1er janvier.	Matériel de 1re mise...........	70	»	»	70	»	»	70	»	»	70	»	»	70	»	»	70	»	»	70	»	»
3	15 février.	Matériel du détenu n° 4941.....	»	1	»	»	1	»	»	»	»	»	1	»	»	»	»	»	1	»	»	1	»
4	20 mars...	Matériel du e régiment d'infanterie...................	12	»	»	12	»	»	»	»	»	»	»	»	»	»	»	»	»	»	»	»	»
5	28 mars...	Matériel du sieur Martin	»	»	»	»	»	»	»	»	»	»	»	»	»	»	»	»	»	»	»	»	»
6	30 mars...	Matériel du détenu n° 4918.....	»	»	»	»	»	»	»	»	»	»	»	»	»	»	»	»	»	»	»	»	»
		Sorties.																					
1	1er janvier.	Distribué aux détenus.........	65	»	»	65	»	»	65	»	»	65	»	»	65	»	»	65	»	»	65	»	»
2	2 janvier.	Distribué au détenu n° 5023	1	»	»	»	»	»	»	»	»	»	»	»	»	»	»	»	»	»	»	»	»
3	15 février.	Employé aux réparations.......	»	»	»	»	»	»	»	»	»	»	»	»	»	»	»	»	»	»	»	»	»
4	30 mars...	Versé aux Domaines...........	»	»	»	»	»	»	»	»	»	»	»	»	»	»	»	»	»	»	»	»	»

Numéros d'ordre des opérations.	DATES.	DÉTAIL des OPÉRATIONS.	BRETELLES de PANTALON.			BRO-DEQUINS.			CHIFFRES en DRAP.			CALOTTES de COTON.			CUILLERS.		
			N	B	HS	N	B	HS	N	B	HS	N	B	HS	N	B	HS

FOUR-CHETTES.			GAMELLES INDI-VIDUELLES.			SACS de petite MONTURE.			QUARTS.			SER-VIETTES.			TROUSSES GARNIES.			CALOTTES de DRAP.			CHAUS-SONS.		
N	B	HS	N	B	HS	N	H	HS	N	B	HS	N	B	HS	N	B	HS	N	B	HS	N	B	HS

Effets à l'usage du personnel des sous-officiers de la prison.

CEINTURONS.			PLAQUES de CEINTURON.			VERROUS de CEINTURON.			ÉTUIS de REVOLVER.			
N	B	HS	N	B	HS	N	B	HS	N	B	HS	

Répartition des effets distribués aux hommes.

NUMÉROS D'ÉCROU des détenus.	NOMS des DÉTENTEURS des effets.	CAPOTES.	PANTALONS DE DRAP.	VAREUSES.	BOURGERONS.	CALEÇONS.	CEINTURES DE LAINE.	CHEMISES.	CRAVATES de coton bleu.	MOUCHOIRS.	PANTALONS DE TREILLIS.	BRETELLES de pantalon.	CHIFFRES EN DRAP.	CALOTTES DE COTON.	SOULIERS.	CUILLERS.	FOURCHETTES.	GAMELLES individuelles.	SACS de petite monture.	QUARTS.	SERVIETTES.	TROUSSES GARNIES.

Répartition des effets distribués aux sous-officiers du personnel.

NUMÉROS MATRICULES.	NOMS des SOUS-OFFICIERS attachés à la prison.	EMPLOI dans LA PRISON.	CEINTURONS.	PLAQUES de ceinturon.	VERROUS de ceinturon.	ÉTUIS de revolver.	

FORMAT DU PIER :
Haut. 0m,315 ; larg. 0m,205.

MODÈLE Nº 4
annexé à l'Instruction
du 30 mars 1900.

Désigner la prison.{

CONTROLE GÉNÉRAL

des effets de drap, ceinturons en cuir verni et étuis de revolver.

1º Capots ;
2º Vareuses ;
3º Pantalons ;
4º Calottes de travail ;
5º Ceinturons en cuir verni et accessoires :
6º Étuis de revolver.

NOTA. — Se conformer, pour les inscriptions à faire sur le contrôle, aux indications portées en tête des colonnes.

1º CAPOTS.

NUMÉROS DE SÉRIE.	ANNÉE de la première mise en service.	NUMÉRO D'ÉCROU de l'homme auquel l'effet est affecté.	NUMÉRO D'ÉCROU de l'homme auquel l'effet est affecté.							CAUSE et DATE DE LA PERTE pour l'arrondissement.
1	2	3	4	5	6	7	8	9	10	11
1	1900	343								
2	1900	127	421							

Modèle n° 5.

Art. 24 de l'Instruction
du 30 mars 1900.

LIVRET INDIVIDUEL.

Fascicule à substituer au tracé du modèle actuel.

FONDS PARTICULIERS.			
DATES.	DÉTAIL DES RECETTES ET DES DÉPENSES.	RECETTES.	DÉPENSES.

(*5 feuillets semblables.*)

OBSERVATIONS. — Effacer sur le titre du livret l'indication du numéro d'ordre au gistre des comptes courants des masses individuelles.

ENREGISTREMENT SUCCESSIF DES EFFETS D'HABILLEMENT.

Nota. — Les effets en drap sont indiqués par leur numéro de série suivi du numéro du mois où la distribution a été faite.

ANNÉES DE LA DISTRIBUTION DES EFFETS.

DÉSIGNATION DES EFFETS.	Année 1900.	Année 19 .	Année 19 .	Année 19 .	Année 19 .	Année 19 .	Année 19 .	Année 19 .	Année 19 .	Année 19 .	Année 19 .	Année 19 .	Année 19 .	Année 19 .	Année 19 .	Année 19 .
HABILLEMENT.																
Capot.................	97-7															
Pantalon de drap.............	65-7															
Vareuse.............	65-7															
COIFFURE.																
Calotte de drap...............																

DÉSIGNATION DES EFFETS.	Année 19 .	Année 19 .	Année 19 .	Année 19 .	Année 19 .	Année 19 .	Année 19 .	Année 19 .	Année 19 .	Année 19 .	Année 19 .	Année 19 .	Année 19 .	Année 19 .	Année 19 .	Année 19 .
HABILLEMENT.																

ENREGISTREMENT SUCCESSIF DES EFFETS DE
(N'inscrire d'avance les noms des mois que s'ils comportent

PETIT ÉQUIPEMENT.
des distributions.)

DÉSIGNATION DES EFFETS.	Mois d 19	Mois d 19	Mois d 19	Mois d 19	Mois d 19	Mois d 19	Mois d 19	Mois d 19	Mois d 19	Mois d 19	Mois d 19	Mois d 19	Mois d 19	Mois d 19	Mois d 19	Mois d 19	Mois d 19	Mois d 19	Mois d 19	Mois d 19	Mois d 19	Mois d 19
Bourgerons en toile...............																						
Bretelles de pantalon (paire).......																						
Brodequins (paire)...............																						
Caleçons de coton...............																						
Calotte de coton................																						
Chaussons à semelles en basane (paire)...................																						
Chemises de coton..........																						
Couteau.......................																						
Cravate de coton bleu............																						
Cuiller.......................																						
Fourchette..																						
Gamelle individuelle.............																						
Gobelet ou quart................																						
Livret individuel................																						
Mouchoirs.....................																						
Pantalons de treillis..............																						
Sabots (paire)..................																						
Trousse garnie..................																						
Tablier de travail (à l'entrepreneur).																						
Tablier en basane (à l'entrepreneur).																						
Sac de petite monture garni........																						
Serviettes.....................																						

Mois d. 19	Mois d. 19	Mois d. 19	Mois d. 19	Mois d. 19	Mois d. 19	Mois d. 19	Mois d. 19	Mois d. 19	Mois d. 19	Mois d. 19	Mois d. 19

Mois d. 19	Mois d. 19	Mois d. 19	Mois d. 19	Mois d. 19	Mois d. 19	Mois d. 19	Mois d. 19	Mois d. 19	Mois d. 19	Mois d. 19	Mois d. 19	Mois d. 19	Mois d. 19	Mois d. 19	Mois d. 19	Mois d. 19	Mois d. 19

MINISTÈRE
DE LA GUERRE.

DIRECTION
de
L'INTENDANCE MILITAIRE.

BUREAU
de
l'Habillement et Cam-
pement. — Lits mili-
taires et Invalides.

RÉPUBLIQUE FRANÇAISE.

ANNÉE 190 .

PRISON MILITAIRE d

MODÈLE N° 6.

Format : 0m,315 ✕ 0m,210.

COMPTE ANNUEL
DE LA MASSE D'HABILLEMENT.

RECETTES.

§ 1er. — *Droits constatés par le fascicule spécial à la masse d'habillement, annexé à la revue trimestrielle de liquidation.*

TABLEAU N° 1.

	1er TRIMESTRE.	2e TRIMESTRE.	3e TRIMESTRE.	4e TRIMESTRE.	TOTAL des allocations pour les quatre trimestres.
Détenus. { Primes journalières............					
Totaux.................					
Augmenta-tions. { Pour redressement d'erreurs.....					
Ensemble..........................					
Diminutions. { Pour redressement d'erreurs.....					
Reste représentant le crédit de l'établissement pour l'année 190					

§ 2. — *Recettes additionnelles.*

	1er TRIMESTRE.	2e TRIMESTRE.	3e TRIMESTRE.	4e TRIMESTRE.	TOTAUX.
1° Virement à la masse d'habillement de l'avoir à la masse de petit équipement au jour de la mise en pratique du nouveau système					
2° Constitution en matières de la première mise par l'Etat............................					
3° Ordonnancement sur les fonds du budget de l'habillement des effets versés à d'autres établissements ou à des corps de troupe.........					
4° Allocations pour pertes par cas de force majeure................................					
5°					
6°					
7°					
8° Remboursement par les fonds divers des sommes dues par divers débiteurs au 31 décembre 190					
TOTAL.....................					
REPORT des droits de l'établissement qui ressort d'autre part......					
AVOIR à la masse au 1er janvier 190					
TOTAL des recettes à comparer aux dépenses...............					

DÉPENSES.

	1er TRIMESTRE.	2e TRIMESTRE.	3e TRIMESTRE.	4e TRIMESTRE.	TOTAUX.
1° Imputation au décompte de la revue trimestrielle de liquidation de la valeur des effets reçus des magasins administratifs......................					
2° Imputation au décompte de libération de la revue de la valeur des effets reçus d'autres établissements ou des corps de troupe.................					
3° Payement des effets achetés dans le commerce...					
4° Réparations à l'habillement et à la coiffure......					
5° Réparations à la chaussure.................					
6° Dégradations diverses (casernement, etc.).......					
7° Frais de transport d'effets.................					
8° Versement au Trésor de la valeur ou de la moins-value du matériel appartenant à l'Etat.........					
9°					
10°					
11°					
12° Montant des sommes dues à divers au 31 décembre 190 et dont la masse est débitée par inscription aux fonds divers au crédit des intéressés..					
TOTAL..........................					
A AJOUTER le débet à la masse au 1er janvier 190					
MONTANT DES DÉPENSES à comparer aux recettes...					

Tableau Nº 3.

RÉCAPITULATION.

Total des recettes qui ressort au tableau nº 1....... ....
Total des dépenses qui ressort au tableau nº 2. ....

(1)   au dernier jour de l'année........

Cet (1)   se décompose ainsi :

Valeur totale des effets { en magasin.....................
                         { en service....... ....

À ajouter :

Excédent de recettes sur les dépenses des quatre trimestres de
l'année..

Total..................... ....

Ou a déduire :

Excédent de dépenses sur les recettes des quatre trimestres de
l'année..

Somme égale..... ....

Certifié par les Membres du Conseil d'administration ou l'Agent principal.

A   , le   190 .

Vérifié :
Le Sous-Intendant militaire,

(1) Avoir *ou* débet.

Paris. — Imprimerie R. Chapelot et Cº, 2, rue Christine.